Mein erstes Frage- und Antwortbuch

Ritter

Von Marilis Lunkenbein
Illustriert von Andreas Piel

Loewe

ISBN 3-7855-2715-2 – 2. Auflage 1998

Umschlagillustration: Andreas Piel
Vignetten: Angelika Stubner
Satz und Litho: Teamsatz & Litho GmbH, Neudrossenfeld

Inhalt

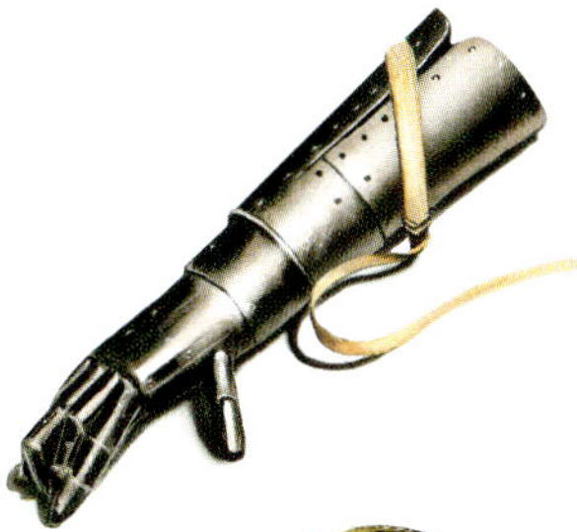

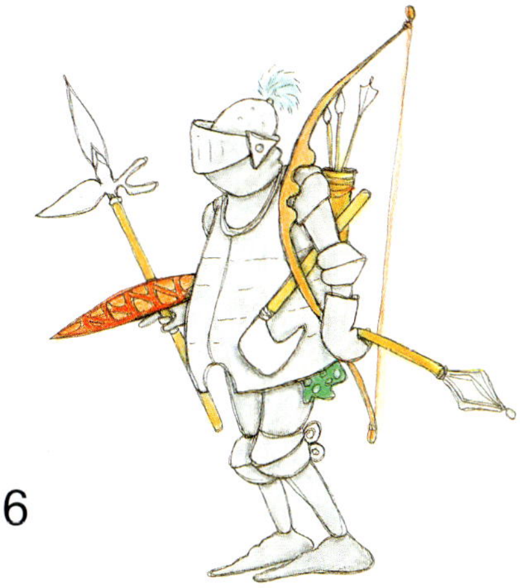

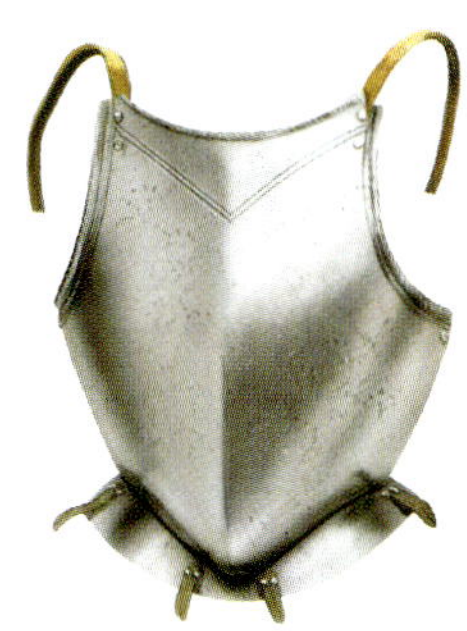

Wann lebten die Ritter?

Die Ritter lebten im Mittelalter. Das ist ungefähr die Zeit von 500 bis 1 500 nach Christus. Es war eine sehr rauhe Zeit, ohne elektrisches Licht, fließendes Wasser oder Heizungen, und es gab viele Krankheiten, häufig Kriege.

Was bedeutet „Ritter“?

In die vielen Kriege sind die Soldaten früher immer als Fußsoldaten gezogen. Doch nachdem man Steigbügel, bessere Sättel und vor allem die schwere Lanze erfunden hatte, konnten die Soldaten auf Pferden in die Schlacht reiten. Diese berittenen Soldaten nannte man Ritter (Reiter).

Auch in Deutschland gibt es heute noch alte Ritterburgen, so die Burg Eltz.

Kein Ritter ohne Pferd

Ein Pferd war zwar sehr teuer, für einen Ritter jedoch unverzichtbar. Pferde brauchte man für den Krieg, für Turniere und die Jagd sowie für den Transport des Gepäcks. Besonders wertvoll waren die Schlachtrosse. Sie mussten kräftig gebaut, aber dennoch gewandt sein. Ein permanentes Training bereitete diese Pferde auf den Einsatz in der Schlacht vor. Besonders beliebt waren Streitrosse aus Italien, Frankreich und Spanien. Das spanische Andalusierpferd ist die Pferderasse, die den damaligen Streitrossen noch am meisten ähnelt.

Wo wohnten die Ritter?

Die reichen Ritter wohnten in Burgen. Diese bestanden aus befestigten Häusern, die von einer dicken Mauer und oft auch von tiefen Gräben umgeben waren. Die meisten einfachen Ritter lebten jedoch inmitten eines Dorfes in normalen Steinhäusern, die durch schmale Wassergräben geschützt wurden.

Ein hoher Burgturm war wichtig, um das Gelände überblicken und Angreifer von oben herab beschießen zu können.

Ein Blick ins Burginnere: Wohnhaus und Stallungen schließen sich an die Burgmauer an.

Besonders sorgfältig wurde der Eingang zur Burg geschützt: Tortürme, Zugbrücken und stabile Tore erschwerten den Zugang.

Wohin baute man eine Burg?

Da eine Burg sicheren Schutz bieten sollte, baute man sie meistens auf einen Berg, in einen See oder an einen Felshang. Wenn weder Berg noch See noch Felsen vorhanden waren, wurde die Burg durch einen oder mehrere Wassergräben geschützt.

Beide gaben in Kriegszeiten den Menschen Schutz: die so genannte Höhenburg (links) und die Wasserburg (oben).

Wie wurde eine Burg gebaut?

Die ersten Burgen waren einfache Holztürme, die von einem hohen Zaun aus Baumstämmen umgeben waren. Später baute man mächtige Burgen aus Stein. So eine Steinburg war von einer Mauer umgeben, die bis zu acht Meter dick und zwanzig Meter hoch war. Der Bau einer Burg dauerte oft mehrere Jahre.

Bauarbeiter in der Ritterzeit lebten gefährlich: Die körperlich schwere Arbeit in luftiger Höhe musste ohne moderne Maschinen und Baugerüste erledigt werden.

Wie sah es in der Burg aus?

Eine Burg kann man sich als kleines Dorf vorstellen. Es gab Wohnhäuser, Ställe für Pferde und Vieh, eine Kapelle für den Gottesdienst, einen Wehrturm und – ganz, ganz wichtig bei Belagerungen – einen Brunnen. Rings um dieses Burgdorf führte eine dicke Schutzmauer. Schießscharten, schmale Mauerschlitze, dienten den Burgbewohnern zur Verteidigung.

Wo gingen die Ritterkinder zur Schule?

Richtige Schulen, so wie wir sie heute kennen, gab es zur Ritterzeit noch nicht. Die meisten Kinder haben also nie Lesen, Schreiben und Rechnen gelernt. Sie mussten stattdessen schon früh ihren Eltern bei der Arbeit helfen. Nur die Kinder reicher Eltern wurden unterrichtet. Der Unterricht wurde meistens von Priestern erteilt. Sie gehörten in der Ritterzeit zu den wenigen Menschen, die lesen und schreiben konnten.

Schmale Schlitze auf Mauern oder Türmen, so genannte Schießscharten, ermöglichten es den Burgbewohnern, Angreifer zu bekämpfen.

Wie sicher war eine Burg?

Durch ihre geschützte Lage war eine Burg nur schwer zu erobern. Dennoch gelang es Gegnern durch Tricks, lange Belagerungen und Beschuss immer wieder, eine Burg einzunehmen.

Wie wurde eine Burg angegriffen?

Natürlich hatten die Burgbewohner die Zugbrücke vor dem Angriff hochgezogen. Der Angreifer musste also erst einmal den Graben überwinden. Manche Feinde füllten den Graben mit Holz und Erde auf und schoben Holztürme und Leitern an die Mauern. Andere gruben unterirdische Gänge, um Mauern zum Einsturz zu bringen, oder schleuderten mit Wurfmaschinen große Steine gegen die Burg.

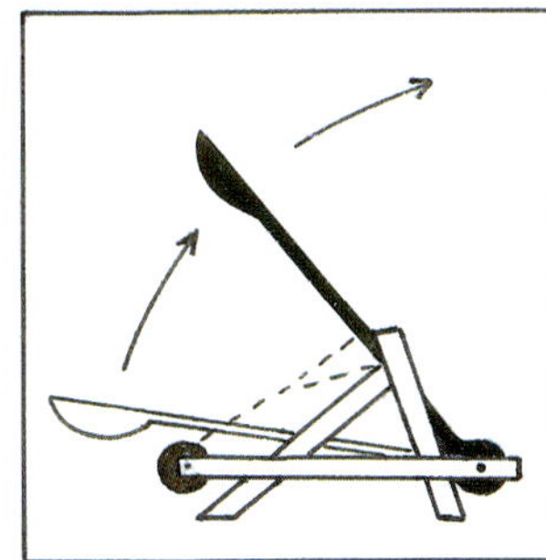

Funktionszeichnung einer Wurfmaschine

Wurfmaschinen wurden schon von den Römern bei Belagerungen eingesetzt.

Die Verteidiger schossen aus den Schießscharten, warfen mit schweren Steinen und gossen heißes Wasser oder kochenden Teer auf die Angreifer hinab.

Wie sah der Alltag der Ritter aus?

Nur wenige Ritter waren so reich, dass sie nicht zu arbeiten brauchten. Die meisten waren nicht nur Soldaten, sondern auch Bauern und mussten im Stall und auf den Feldern kräftig mit anpacken. Manche züchteten auch Pferde und anderes Vieh oder verkauften Fische aus ihren Gewässern.

Wer lebte auf der Burg?

Zu den Burgbewohnern gehörten neben der Familie des Ritters auch Mägde und Knechte für Haushalt und Stallungen. Es gab außerdem einen Schmied für die Waffen und das Arbeitsgerät, manchmal auch einen Töpfer. Dazu kamen bewaffnete Knechte für die Verteidigung, die so genannten Burgknappen. Der Burgvogt war der Stellvertreter des Burgherrn.

Dieser bewaffnete Knecht trägt einen Langbogen. Als Burgknappe war er für die Verteidigung der Burg zuständig.

Die Ritterfrauen kümmerten sich um den Haushalt und die Kinder.

Freizeit bei den Rittern

Die Jagd gehörte zu den sommerlichen Freizeitvergnügungen, die vorwiegend Männern vorbehalten waren. Das Kegeln jedoch sowie das Ringewerfen wurden von der ganzen Ritterfamilie betrieben. An den langen Winterabenden vertrieb man sich die Zeit mit Brettspielen wie Schach und Dame. Auch Würfel- und Kartenspiele waren sehr beliebt. Fahrende Sänger, Musikanten und Jongleure sorgten zudem für Abwechslung und Unterhaltung und konnten über interessante Neuigkeiten aus Gegenden berichten, in denen sie zuvor gewesen waren.

Der Burgschmied stellte Waffen und Arbeitsgeräte her und reparierte sie auch.

Wie tafelten die Ritter?

Wenn reiche Ritter tafelten, bogen sich die Platten. Was da alles aufgetragen wurde! Fleisch von Wildschweinen und Schafen, Fisch und Geflügel. Als besondere Delikatesse gab's sogar Schwäne, Störche und Pfauen.

Wie ging es zu beim Rittermahl?

Diener trugen die fertig gedeckte Tischplatte mit Speisen und Getränken in den Rittersaal. Teller für den einzelnen Gast gab es nicht, auch keine Löffel, sondern nur ein Messer. Alle aßen direkt aus den Schüsseln, spießten das Fleisch mit den Messern auf oder schoben es sich mit den Fingern in den Mund. Nach dem Essen trugen die Diener die Tafel hinaus. Daher kommt auch heute noch der Ausdruck „die Tafel aufheben".

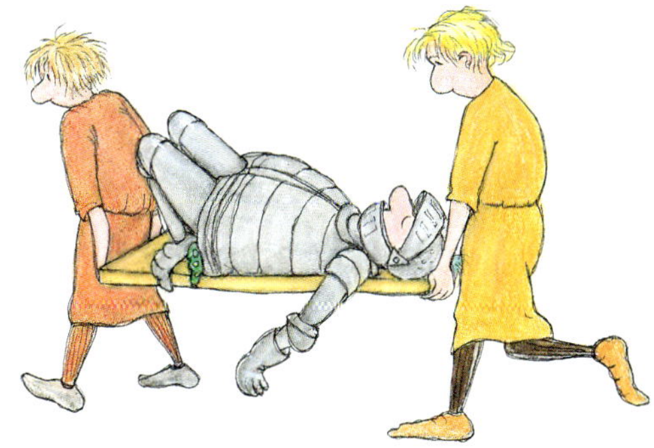

Zwei Diener bringen die fertig gedeckte Platte.

Die Ritter aßen kiloweise Brot. Allerdings kannte man noch nicht so viele Brotsorten wie wir heute: Brot wurde in der Ritterzeit meistens aus Roggenmehl gebacken.

Kartoffelpuffer oder lieber Rübenmus?

Viele heute sehr beliebte Gerichte wie Kartoffelpuffer oder Pommes frites waren den Rittern unbekannt, denn Kartoffeln gab es damals in Europa noch nicht. Sie kamen erst viel später aus Südamerika zu uns. Brot, Hülsenfrüchte und Rüben waren die Grundnahrungsmittel. Im Winter, wenn die frischen Speisen knapp waren, aß man viel Rauchfleisch, das bereits im Sommer haltbar gemacht wurde und nicht besonders gut schmeckte.

Das scharfe Essen machte die Ritter sehr durstig. Am liebsten löschten sie ihren Durst mit Wein oder Bier.

Wo kauften die Ritter ein?

Den Supermarkt um die Ecke gab es damals nicht. Aber auf den Märkten in der Stadt wurde alles angeboten, was man brauchte. Außerdem gab es fahrende Händler, die mit ihren Waren zu den einsam gelegenen Burgen zogen.

Was konnte man damals kaufen?

Auf dem Markt und bei den fahrenden Händlern gab es alles: Wein und Lebensmittel, aber auch Vieh, Waffen, Stoffe und Kleider. Auch so begehrte Gewürze wie Pfeffer, Safran und Ingwer konnte man bei den fahrenden Händlern kaufen. Diese Gewürze waren jedoch im Vergleich zu heute sehr viel teurer. Nur wenige Menschen konnten sich im Mittelalter diese Luxuswaren leisten.

Hatten die Ritter Geld?

Ja, aber damals gab es nur kleine Münzen, keine Geldscheine. Die gebräuchlichsten Geldstücke waren der Pfennig, der Heller und der Kreuzer. Der Kreuzer hieß so wegen eines eingeprägten Kreuzes darin. Der Wert einer Münze wurde nach dem Gold- oder Silbergewicht gemessen. Am wertvollsten waren Goldgulden.

Mit solchen Münzen konnte man im Mittelalter bezahlen. Manchmal wurden die Geldstücke auch gegen Edelmetalle wie Gold und Silber aufgewogen.

Rheinischer Gulden aus dem 14. Jahrhundert

Heller aus dem 13. Jahrhundert

Wie ging ein Ritter auf die Jagd?

Die Jagd gehörte zu den größten Vergnügungen des Burgherrn. Zum Gefolge der berittenen Jagdgesellschaft gehörten neben den bewaffneten Knechten die Bauern als Treiber und eine große Meute Jagdhunde.

Das in der freien Natur lebende Wild war normalerweise Eigentum des vornehmen Burgherrn. Nur er hatte das Recht, auf die Jagd zu gehen. Bauern und Knechte durften dabei höchstens Hilfsdienste leisten.

Die Jagd mit abgerichteten Greifvögeln wie diesem Falken galt als besonders vornehm.

Wie wurde man ein Ritter?

Der Ritterschlag war eine feierliche Zeremonie: Ein Ritter gab dabei seinem vor ihm knienden Knappen mit der Hand oder der flachen Seite des Schwertes einen leichten Schlag auf den Nacken oder auf die Schulter. Der junge Mann war jetzt selbst ein Ritter und durfte Waffen tragen.

Was musste ein Page alles lernen?

Mit sieben Jahren kamen die Söhne der Adeligen aus der Obhut der Frauen in die des Vaters oder Bruders, um zum Pagen erzogen zu werden. Die jungen Adeligen erlernten nun die Grundfertigkeiten eines Ritters wie zum Beispiel Reiten, Schwimmen, Faustkampf und das Aufstellen von Vogelfallen.

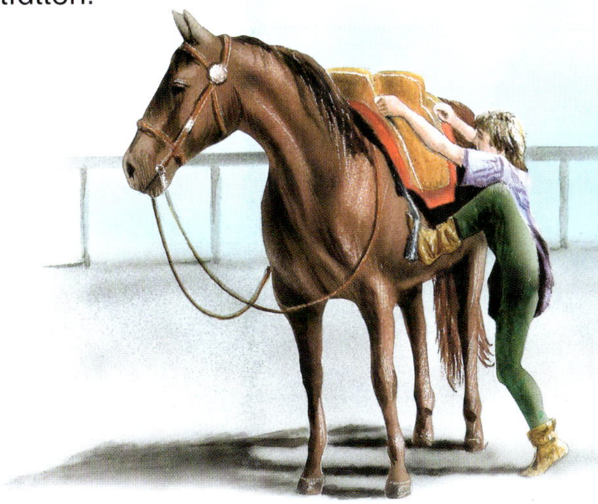

Zur Ausbildung der jungen Adeligen gehörte auch das Bogenschießen.

Was hatte ein Knappe zu tun?

Mit etwa zwölf bis 14 Jahren wurde ein Page zum Knappen. Er verließ die Familie, um auf der Burg eines Ritters zu leben. Dort lernte er den Umgang mit Schwert und Lanze und wurde im ritterlichen Benehmen unterrichtet. Mit 21 Jahren wurde der junge Mann in den Ritterstand aufgenommen.

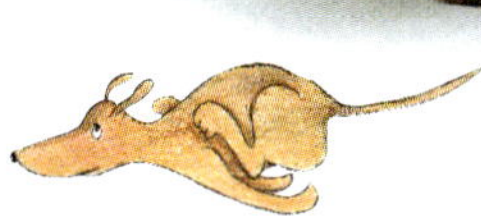